Gemüse-LUST

VON A BIS Z

Gemüse-Lust von A bis Z

SOPHIE DUPUIS-GAULIER

Fotos

GUILLAUME CZERW

EMF

EIN BUCH DER
EDITION MICHAEL FISCHER

INHALT

EINLEITUNG

Ich erinnere mich noch an die sommerlichen Mittwochnachmittage, an denen ich mit meinem Bruder und meiner Schwester schüsselweise junge Erbsen palen musste, bevor wir alle drei zum Spielen auf die Felder hinauslaufen durften. Sorgfältig zogen wir von jeder Schote den Faden ab und holten dann mit dem Daumen die hübschen grünen Kügelchen heraus. Doch am Ende war ich immer enttäuscht, dass neben wenigen Erbsen ein großer Berg Schoten lag. „So viel Abfall für ein so mageres Ergebnis", sagten wir zueinander.

Erst vor Kurzem hatte ich denselben Gedanken, als ich nach einem Besuch auf dem Wochenmarkt die Blätter von Möhren und Weißen Rüben abgeschnitten und weggeworfen hatte oder nach der Zubereitung eines Apfelkuchens vor einem Berg Apfelschalen saß.

Ich fragte mich: Wie könnte man diese Schalen, Strünke und Blätter verwerten? Wie könnte es gelingen, diesen Schatz an Zutaten als Grundlage für originelle und leckere Rezepte zu nutzen? Drei Dinge kamen mir in den Sinn: Ist es aus ökonomischen Gründen nicht schade, essbare Bestandteile von Obst und Gemüse, die sich mit ein bisschen Kreativität in einen wahren (und preisgünstigen) Gaumenschmaus verwandeln lassen, wegzuwerfen? Und müsste man aus ökologischen Gründen nicht einen intelligenten Beitrag zum Schutz unseres Planeten leisten, indem man Laub und Schalen verarbeitet, statt auf den Müll zu werfen? Und vom Standpunkt einer gesunden Ernährung aus sollte man die Gemüseschalen, in denen sich doch im Allgemeinen Ballaststoffe, Vitamine und Mineralien konzentrieren, erst recht nutzen!

Ich beschloss, mir die allzu oft als „Abfälle" gering geschätzten Bestandteile von Obst und Gemüse näher anzusehen. Ich machte mich daran, Gourmetrezepte zu entwickeln, und bald bargen Schalen, Strünke, Kerne, Stiele, Schoten und Blätter kein Geheimnis mehr für mich … Es ist mir ein großes Vergnügen, diese Rezepte Ihnen, liebe Leserinnen und Leser, zu übergeben!

Ein paar EMPFEHLUNGEN vorweg

Wahl der Produkte

Wer sein Obst und Gemüse mit Stumpf und Stiel verarbeiten will, sollte unbedingt Produkte aus biologischem Anbau kaufen. Schließlich konzentrieren sich nicht nur die Vitamine, sondern auch Rückstände von Pestiziden und anderen Spritzmitteln in der Schale oder den Blättern.

Küchengeräte

Eine Bürste, ein Küchenmesser, ein Sparschäler und eine kleine Reibe (oder ein Zestenreißer) sind unentbehrliche Utensilien, um das Beste aus den Blättern und Schalen zu machen.

Aufbewahrung der Produkte

Um eine optimale Haltbarkeit zu gewährleisten, ist es wichtig, Obst und Gemüse möglichst gut vor Licht zu schützen. Das Gemüsefach des Kühlschranks ist der ideale Aufbewahrungsort für derart empfindliche Ware. Dort ist die Luft nicht so kalt wie auf den Ablagen, dafür aber feuchter. Wurzel- und Knollengemüse hält sich länger, wenn man die Blätter entfernt – sie entziehen der Wurzel Feuchtigkeit, und sie wird weich. Also: Die Blätter abschneiden, kalt waschen und gut abtrocknen, anschließend in ein angefeuchtetes Blatt Küchenkrepp einschlagen, in eine fest verschließbare Dose legen und diese ins Gemüsefach des Kühlschranks stellen.

Da die Blätter sich nicht so lange halten wie Knollen oder Wurzeln, sollten sie zuerst verarbeitet werden. Doch selbst angewelkt sind sie noch verwertbar. Allerdings sollten sie nicht gelb sein – dann kann man sie nur noch wegwerfen!

FRÜHLING/SOMMER

ZUM APERITIF

Tomatenchips mit Pecorino und Oregano
Tempura von Zucchinischalen
Vorspeisenteller mit Radieschen

VORSPEISEN

Carpaccio von Zitrusfrüchten mit Lauchzwiebeln und Olivenöl
Graved Lachs
Kalte Cremesuppe von Zucchini mit Currysahne
Kalte Suppe von Erbsenschoten mit Korianderkraut
Suppe von Radieschenblättern mit hausgemachten Croûtons
Wraps mit Omelette und Lauchzwiebeln

HAUPTGERICHTE UND BEILAGEN

Cremige Polenta mit jungen Erbsen, Thymian und Parmesan
Erbsenflan mit Zitronenmelisse
Frühlingspizza
Glasierte Radieschen
Kabeljau mit Kruste aus Zitronenzesten und Haselnüssen
Tomatentürmchen
Zwiebel-Sardellen-Kuchen

DESSERTS

Mascarpone mit in Honig karamellisiertem Fenchel
Schoko-Zitronen-Tarte mit Baiserguss
Zucchini-Schokoladenkuchen

GETRÄNK

Zitronen-Ingwer-Limonade

MENÜS

HERBST/WINTER

ZUM APERITIF

Chips von Kartoffelschalen mit Thymian und Parmesan
Chutney von Karottenschalen
Karottenkaviar mit Kreuzkümmel und Grissini

VORSPEISEN

Apfelgelee und Cremeschnitten mit Ziegenkäse
Carpaccio von Roten Beten mit Roquefort, Walnüssen und jungen Blättern
Cremesuppe vom Hokkaidokürbis
Pikanter Kuchen mit Rübenblättern, getrockneten Tomaten und Feta
Teigtaschen mit Hühnerfleisch und Rübenblättern

HAUPTGERICHTE UND BEILAGEN

Gestürzte Tarte mit Weißen Rüben und Entenconfit
Ofenkartoffeln mit Hühnerbrust und Curry
Rote Bete in Salzkruste
Spaghetti mit Pesto von Karottenblättern
Tarte mit Äpfeln, Camembert und Kreuzkümmel

DESSERTS

Ananascarpaccio mit Salz-Butter-Karamell und Spekulatius
Beignets von Apfelschalen
Crème brûlée vom Hokkaidokürbis mit Gewürzen
Kandierte Stiele von Roten Beten mit Gewürzen und Ahornsirup auf Ziegenquark
Kartoffelkonfitüre mit Gewürzen
Panna cotta vom Hokkaidokürbis mit Kürbiskernkrokant

GETRÄNK

Rhum arrangé

FRÜHLING/SOMMER

Fenchel

Der Fenchel gehört zu den Blattgemüsen. Zum Kochen verwendet man die Knolle, die aus dem fleischigen Grund der Blätter besteht, und das zarte Blattgrün. Die Haupterntezeit für Fenchel liegt zwischen Juni und Oktober. In Deutschland ist er jedoch ganzjährig erhältlich.

4
PORTIONEN

15 MIN
VORBEREITUNGS-ZEIT

48 STD
ZEIT ZUM KÜHLEN

GRAVED LACHS

600 g Lachsfilet, dick geschnitten
1 TL feines Salz
1 TL Zucker
½ TL frisch gemahlener weißer Pfeffer
1 EL fein gehacktes Fenchelgrün

Für die Soße
50 g brauner Zucker
50 g Senf
2 EL Sonnenblumenöl
Salz
1 EL Fenchelgrün

1

Das Lachsfilet kurz kalt abspülen und mit Küchenkrepp abtrocknen.

2

Das Lachsfilet mit einem sehr scharfen Messer enthäuten und der Länge nach in zwei Hälften schneiden.

3

In einem Schälchen das Salz, den Zucker, den Pfeffer und das fein gehackte Fenchelgrün mischen.

4

Die beiden Lachsstücke mit der Würzmischung einreiben und wieder aufeinanderlegen.

5

Das Lachsfilet auf einen großen Teller legen, mit Klarsichtfolie abdecken und mit einem zweiten Teller oder einer Servierplatte beschweren.

6

Das Filet 48 Stunden in den Kühlschrank stellen, alle 12 Stunden wenden und die ausgetretene Flüssigkeit abgießen.

7

Vor dem Servieren den braunen Zucker, den Senf, das Öl, das Salz und das Fenchelgrün zu einer sämigen Soße verrühren.

8

Die beiden Lachsstücke jeweils in der Mitte durchschneiden, auf Tellern anrichten und mit Soße begießen. Dunkles Brot dazu reichen.

4
PORTIONEN

15 MIN
VORBEREITUNGSZEIT

5 MIN
GARZEIT

MASCARPONE MIT IN HONIG KARAMELLISIERTEM FENCHEL

250 g Mascarpone
30 ml flüssige Sahne
50 g Puderzucker
1 kleine Fenchelknolle
50 g Butter
50 g Zucker
50 g Honig

1

In einer Schüssel den Mascarpone, die Sahne und den Puderzucker verrühren. Die Creme in Schälchen füllen und in den Kühlschrank stellen.

2

Den Fenchel kalt abwaschen, gut abtrocknen und mit einem Gemüsehobel oder einem scharfen Messer in dünne Scheiben schneiden.

3

In einer Pfanne die Butter und den Zucker schmelzen lassen, zuerst den Honig und dann den Fenchel zugeben. Den Fenchel ein paar Minuten karamellisieren und währenddessen immer wieder wenden.

4

Den lauwarmen Fenchel auf der Mascarponecreme anrichten und sofort servieren.

TIPP

FENCHELSAMEN SIND EIN WUNDERBARES FISCHGEWÜRZ. KARAMELLISIEREN SIE EINEN TEELÖFFEL SAMEN MIT EINER PRISE ZUCKER, UND AROMATISIEREN SIE DAMIT Z. B. FISCHTATAR.

GRÜNE ERBSEN

Erbsen gehören zu den Hülsenfrüchten und enthalten reichlich Kohlenhydrate. Grüne Erbsen sind ein typisches Frühjahrsgemüse, das in jeder Zubereitungsart mundet – ob roh oder gegart.

4
PORTIONEN

25 MIN
VORBEREITUNGS-
ZEIT

20 MIN
GARZEIT

KALTE SUPPE VON ERBSEN-SCHOTEN MIT KORIANDER-KRAUT

600 g grüne Erbsen (mit Schoten)
1 große Zwiebel
15 g gesalzene Butter
1 l Hühner- oder Gemüsebrühe
80 ml flüssige Sahne
¼ Bund Korianderkraut
¼ TL frisch geriebene Muskatnuss
Salz, Pfeffer

1

Die Erbsenschoten in kaltem Wasser gründlich waschen. Spitze und Stielansatz jeweils abschneiden. Die Zwiebel schälen und fein hacken.

2

In einem großen Topf die Butter zerlassen und die Zwiebel darin glasig dünsten. Die Schoten hinzufügen und unter Rühren 3 bis 4 Minuten anschwitzen. Die Brühe zugießen und das Gemüse 20 Minuten kochen.

3

Die Schoten abgießen und die Kochbrühe auffangen.

4

Die Schoten mithilfe eines Passiergeräts pürieren und das Püree mit der Kochbrühe auf die gewünschte Konsistenz verdünnen. Kalt stellen.

5

Die Suppe vor dem Servieren mit Sahne, fein gehacktem Korianderkraut und Muskatnuss verfeinern und mit Salz und Pfeffer abschmecken.

TIPPS UND TRICKS

DIE SCHOTEN SOLLTEN WEGEN IHRER ZAHLREICHEN FASERN NICHT IM MIXER, SONDERN MIT EINEM PASSIERGERÄT PÜRIERT WERDEN.

WENN SIE DIE SUPPE WARM SERVIEREN MÖCHTEN, KOCHEN SIE 2 KARTOFFELN MIT DEN SCHOTEN MIT; DIE SUPPE WIRD DANN SÄMIGER.

EIN PAAR TROPFEN TABASCO VERLEIHEN DEM GERICHT ZUSÄTZLICHEN PEP!

4
PORTIONEN

10 MIN
VORBEREITUNGSZEIT

20 MIN
GARZEIT

DIE SAMEN

ERBSENFLAN MIT ZITRONENMELISSE

1,5 kg grüne Erbsen
(mit Schoten gewogen)
(oder 125 g ziemlich dickes Erbsenpüree plus 2 EL Erbsen)
1 Ei
1 Eigelb
125 ml flüssige Sahne
10 Blätter Zitronenmelisse
Salz, Pfeffer

1

Den Backofen auf 180 °C vorheizen. Die Erbsen palen und 8 Minuten in Salzwasser kochen.

2

2 Esslöffel Erbsen beiseitelegen. Die übrigen Erbsen gut abtropfen lassen und im Mixer pürieren. Wenn nötig, zum Glattrühren ein paar Esslöffel Kochwasser hinzufügen.

3

Das Ei und das Eigelb gut verquirlen.

4

Das Erbsenpüree mit den verquirlten Eiern, der Sahne, den Erbsen und der fein gehackten Zitronenmelisse vermengen und mit Salz und Pfeffer abschmecken.

5

Die Masse in kleine ofenfeste Formen füllen und 15 bis 20 Minuten in den Backofen stellen. Wenn der Flan zum Servieren gestürzt werden soll, müssen die Formen ausgebuttert werden. Warm servieren.

TIPP

AUS 500 GRAMM ERBSENSCHOTEN GEWINNT MAN NUR 125 GRAMM ERBSENSAMEN. FÜR VIER PERSONEN BENÖTIGT MAN ALSO 1,5 KILOGRAMM ERBSENSCHOTEN.

4 PORTIONEN

10 MIN VORBEREITUNGSZEIT

5 MIN GARZEIT

DIE SAMEN

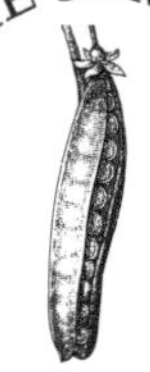

CREMIGE POLENTA MIT JUNGEN ERBSEN, THYMIAN UND PARMESAN

30 g Butter
1 fein gehackte Schalotte
100 g gepalte grüne Erbsen oder
125 g recht flüssiges Erbsenpüree
800 ml Gemüsebrühe
2 Zweige frischer Thymian
(plus 1 Zweig zum Garnieren)
350 ml Milch
Salz, Pfeffer
125 g Polentagrieß
100 ml flüssige Sahne
70 g geriebener Parmesan

1

In einem Topf 15 Gramm Butter zerlassen und die Schalotte darin ein paar Minuten unter Rühren anschwitzen.

2

Die Erbsen, 500 Milliliter Brühe und 2 Thymianzweige dazugeben. Die Erbsen ca. 10 Minuten kochen, abtropfen lassen und mit 50 Milliliter Kochbrühe pürieren.

3

In einem anderen Topf den Rest der Gemüsebrühe mit der Milch, der verbliebenen Butter, dem Salz und dem Pfeffer zum Kochen bringen.

4

Den Polentagrieß einrieseln lassen und ca. 1 Minute rühren. Währenddessen das Erbsenpüree wieder erhitzen.

5

Die Polenta vom Feuer nehmen und mit dem Erbsenpüree, der Sahne und dem Parmesan vermischen. Mit Thymianblättchen bestreuen und sofort servieren.

TIPP

DIE POLENTA DARF NICHT ZU LANGE GEKOCHT WERDEN, SONST VERLIERT SIE IHRE CREMIGE KONSISTENZ. WENN SIE ZU FEST WIRD, KÖNNEN SIE ETWAS SAHNE ODER LAUWARME MILCH UNTERRÜHREN.

LAUCHZWIEBEL

Lauchzwiebeln sind nichts anderes als unreif geerntete Winterzwiebeln und werden beim Kochen wie diese verarbeitet. Das Laub dient als Küchenkraut. Kaufen Sie nur feste Zwiebeln mit knackigen Blättern.

4
PORTIONEN

10 MIN
VORBEREITUNGSZEIT

2 MIN
GARZEIT

WRAPS MIT OMELETT UND LAUCHZWIEBELN

Laub von 2 Lauchzwiebeln
4 getrocknete Tomaten
4 Eier
4 Prisen Piment d'Espelette
10 g Butter
8 kleine Scheiben Schinkenspeck

1

Das Zwiebellaub kalt abspülen, mit Küchenkrepp abtrocknen und fein hacken.

2

Die getrockneten Tomaten in kleine Würfel schneiden.

3

Die Eier in einer Schüssel mit dem Piment d'Espelette verquirlen. Die getrockneten Tomaten und die Lauchzwiebeln dazugeben. Die Butter in einer Pfanne erhitzen und 4 kleine Omeletts backen.

4

Die Omeletts auf einem Brett jeweils zwischen 2 Scheiben Schinkenspeck legen und aufrollen. Jede Rolle in zwei Teile schneiden.
Die Wraps warm oder kalt servieren. Dieses Gericht eignet sich perfekt für ein Picknick!

TIPP

DIE OMELETTS NICHT SALZEN! DER SCHINKENSPECK UND DIE TOMATEN ENTHALTEN GENUG SALZ.

6
PORTIONEN

20 MIN
VORBEREITUNGSZEIT

45 MIN
BACKZEIT

ZWIEBEL-SARDELLEN-KUCHEN

1 kg Zwiebeln
50 ml Olivenöl
12 Sardellenfilets
2 EL feiner Zucker
1 Portion Pizza- oder Weißbrotteig
20 schwarze Oliven

1

Den Backofen auf 210 °C vorheizen. Das Laub von den Zwiebeln schneiden, die Zwiebeln schälen und in 3 bis 5 Millimeter dicke Ringe schneiden.

2

In einer großen Pfanne das Olivenöl erhitzen, die Zwiebeln, 3 bis 4 Sardellenfilets und den Zucker darin anschwitzen.

3

Die Zwiebeln bei geringer Hitze 20 bis 25 Minuten weich dünsten, aber nicht bräunen.

4

Den Pizza- oder Weißbrotteig ausrollen und auf ein mit Backpapier ausgelegtes Blech legen. Die Zwiebeln, die Oliven sowie die restlichen Sardellenfilets gleichmäßig darauf verteilen. Den Kuchen 25 Minuten backen. Kalt oder warm mit grünem Salat servieren.

4 PORTIONEN

15 MIN VORBEREITUNGSZEIT

30 MIN ZEIT ZUM KÜHLEN

CARPACCIO VON ZITRUSFRÜCHTEN MIT LAUCHZWIEBELN UND OLIVENÖL

2 Orangen
2 Grapefruits
4 Lauchzwiebeln mit Laub
Laub von 2 Zwiebeln
4 EL Olivenöl „extra vergine"
Salz, Pfeffer

1

Über einer Schüssel die Orangen und Grapefruits schälen. Dabei die weiße Schicht der Fruchtschale komplett entfernen. Die Früchte filettieren und den austretenden Saft auffangen.

2

Die Filets dachziegelartig auf Teller schichten und 30 Minuten in den Kühlschrank stellen.

3

Währenddessen die Zwiebeln schälen und das Laub kalt abspülen.

4

Die Zwiebeln und das Laub in schmale Ringe schneiden und über die Zitrusfrüchte streuen.

5

Den aufgefangenen Fruchtsaft mit dem Olivenöl, dem Salz und dem Pfeffer mischen. Das Carpaccio damit beträufeln und sofort servieren.

R

RADIESCHEN

Radieschen gehören zu den Wurzelgemüsen. Je nach Sorte sind die Knollen rund oder länglich, rosa, rot, zweifarbig, gelb oder weiß. Auch die Blätter sind essbar.

4 PORTIONEN

15 MIN VORBEREITUNGSZEIT

25 MIN GARZEIT

SUPPE VON RADIESCHENBLÄTTERN MIT HAUSGEMACHTEN CROÛTONS

Blätter von einem Bund Radieschen
1 Schalotte
2 kleine, mehlig kochende Kartoffeln (z. B. Bintje)
30 g Butter
500 ml Gemüsebrühe
60 ml Sahne
Salz, Pfeffer
4 Scheiben altbackenes Weißbrot
ein paar Radieschensprossen (nach Wunsch)

1

Die Radieschenblätter gründlich in kaltem Wasser waschen.

2

Die Schalotte schälen und fein hacken. Die Kartoffeln schälen und anschließend grob würfeln.

3

In einem Topf mit dickem Boden die Schalotte 3 Minuten in 15 g Butter anschwitzen, dann die Radieschenblätter dazugeben und zusammenfallen lassen. Das dauert etwa 2 Minuten. Die Gemüsebrühe und die Kartoffeln hinzufügen. Die Mischung 20 Minuten köcheln lassen.

4

Radieschenblätter und Kartoffeln im Mixer pürieren. Dabei nach und nach Kochbrühe zugießen, bis die gewünschte Konsistenz erreicht ist. Die Sahne unterrühren und die Suppe mit Salz und Pfeffer abschmecken.

5

Das Brot in Würfel schneiden und in der restlichen Butter goldbraun braten.

6

Die Suppe in Tassen gießen und mit den Croûtons bestreuen. Mit ein paar Radieschenscheiben und -sprossen garnieren und sofort servieren.

4
PORTIONEN

10 MIN
VORBEREITUNGSZEIT

5 MIN
GARZEIT

DIE WURZELN

GLASIERTE RADIESCHEN

1 Bund runde Radieschen
25 g Butter
1 TL brauner Zucker
1 TL Balsamessig
Salz, Pfeffer

1

Die Blätter von den Radieschenknollen abtrennen.

2

Die Radieschen in kaltem Wasser waschen und mit Küchenkrepp gut abtrocknen.

3

In einer Pfanne die Butter erhitzen. Wenn sie aufschäumt, die Radieschen hineingeben und bei mittlerer Hitze 2 Minuten anbraten.

4

Den Zucker und den Essig hinzufügen. Die Radieschen salzen, pfeffern und 3 bis 4 Minuten unter Rühren köcheln lassen.

5

Die Radieschen rechtzeitig vom Herd nehmen; sie sollten noch knackig sein. Warm servieren, z. B. als Beilage zu einem Filetsteak.

6
PORTIONEN

15 MIN
VORBEREITUNGS-
ZEIT

3 STD
ZEIT ZUM
KÜHLEN

VORSPEISEN-TELLER MIT RADIESCHEN

1 Bund Radieschen
2 Zweige Estragon
125 g Mascarpone
½ TL rosa Pfefferbeeren
Salz
125 g zimmerwarme gesalzene Butter

RADIESCHENCREME

1

In einem Topf Wasser zum Kochen bringen.

2

Die Blätter von den Radieschenknollen entfernen. 5 oder 6 Blätter für die Zubereitung der Butter zur Seite legen.

3

Die Radieschen putzen, gründlich waschen und ins kochende Wasser geben. Nach 30 Sekunden herausnehmen und mit kaltem Wasser abschrecken.

4

Den Estragon waschen, die Blättchen abzupfen. Die Radieschen im Mixer fein pürieren. Das Püree in einem Sieb abtropfen lassen.

5

Die pürierten Radieschen mit dem Mascarpone verrühren. Die Pfefferbeeren, das Salz und den fein geschnittenen Estragon zugeben. Die Creme in den Kühlschrank stellen.

BUTTER MIT RADIESCHENBLÄTTERN

1

Die Radieschenblätter mehrmals gründlich waschen.

2

Die Blätter gut mit Küchenkrepp abtrocknen, in dünne Streifen schneiden und mit der cremig gerührten Butter vermischen.

3

Die Radieschenbutter zu einer kleinen Rolle formen, in ein Stück Mull wickeln und im Kühlschrank fest werden lassen.

4

Die Radieschencreme und die Radieschenbutter mit Möhren- und Gurkenstiften, Blumenkohl- und Brokkoliröschen servieren. Dazu frisches oder geröstetes Brot reichen.

TIPP

STATT IN EINER MULLHÜLLE KANN DIE RADIESCHENBUTTER AUCH IN EINEM SCHÄLCHEN SERVIERT WERDEN.

Tomate

Es gibt eine riesige Auswahl an Tomatenarten: kleine Kirschtomaten, große Fleischtomaten, runde, ovale, glatte und gerippte Tomaten und, und, und. Das Farbspektrum der Früchte erstreckt sich von Gelb und Grün über alle Rottöne bis hin zu dunklem Violett. Verwenden Sie stets feste und reife Exemplare – für Soßen und Suppen ebenso wie für Salate.

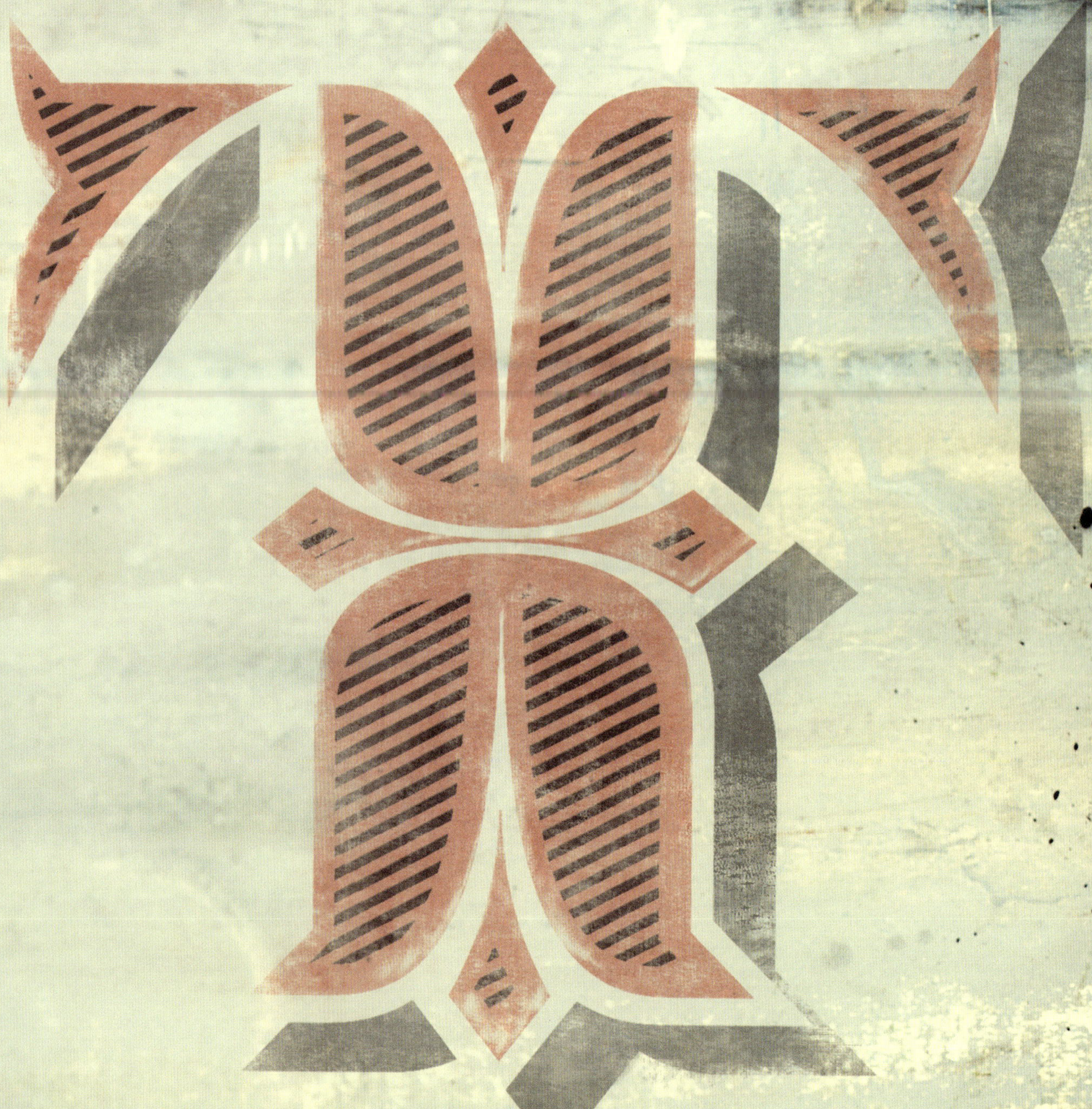

5 MIN
VORBEREITUNGSZEIT

15 MIN
GARZEIT

TOMATENCHIPS MIT PECORINO UND OREGANO

◇◇◇◇◇◇◇◇◇◇◇◇◇◇◇◇◇◇◇◇◇◇◇

120 g Pecorino
1 kg Biotomaten
2 EL getrockneter Oregano
3 EL Olivenöl

◇◇◇◇◇◇◇◇◇◇◇◇◇◇◇◇◇◇◇◇◇◇◇

1

Den Backofen auf 200 °C vorheizen. Den Pecorino fein reiben.

2

Die Tomaten mit einem Tomatenschäler oder einem spitzen, sehr scharfen Küchenmesser spiralförmig schälen. Die Schalen in einen Gefrierbeutel stecken, den Pecorino, den Oregano und das Öl dazugeben. Den Beutel verschließen und gut schütteln, bis die Schalen gleichmäßig mit Marinade überzogen sind.

3

Die Tomatenschalen auf ein mit Backpapier ausgelegtes Blech legen und 15 Minuten im Backofen backen. Warm servieren, z. B. zum Aperitif.

TIPP

STATT PECORINO KÖNNEN SIE AUCH COMTÉ ODER PARMESAN VERWENDEN.

4 PORTIONEN

20 MIN VORBEREITUNGSZEIT

55 MIN BACKZEIT

FRÜHLINGS-PIZZA

Für das Tomatenpüree

500 g Tomaten
½ Zwiebel
1 Knoblauchzehe
2 EL Olivenöl
2 Zweige frischer Thymian
2 Zweige Bohnenkraut
1 gestr. EL Zucker

Für die Pizza

1 kleine Zucchini
12 Champignons
4 kleine marinierte Artischocken
1 Kugel Mozzarella
1 Portion backfertiger Pizzateig
ein paar schwarze Oliven
1 TL getrockneter Oregano
5–6 Blätter Basilikum

1

Die Tomaten schälen, entkernen und klein schneiden. Die Zwiebel und den Knoblauch schälen und fein hacken.

2

Das Olivenöl in einem Topf mit dickem Boden erhitzen. Zwiebel und Knoblauch goldgelb anschwitzen. Die klein geschnittenen Tomaten, die Kräuter und den Zucker zufügen. Alles gut verrühren und 25 bis 30 Minuten einkochen lassen. Regelmäßig umrühren.

3

Den Backofen auf 200 °C vorheizen. Die Zucchini waschen, abtrocknen und in dünne Scheiben schneiden.

4

Die Pilze entstielen, mit einem feuchten Tuch gut abreiben und ebenfalls in dünne Scheiben schneiden.

5

Die marinierten Artischocken vierteln. Den Mozzarella in dünne Scheiben schneiden. Die Tomaten pürieren (die Kräuter vorher herausnehmen) und, wenn nötig, durch ein Sieb streichen.

6

Den Pizzateig ausrollen und mit dem Tomatenpüree bestreichen. Zucchini, Pilze, Artischocken, Mozzarella und schwarze Oliven darauf verteilen. Die Pizza mit Oregano bestreuen und 25 Minuten im Ofen backen. Vor dem Servieren mit Basilikum garnieren.

4
PORTIONEN

15 MIN
VORBEREITUNGSZEIT

1 STD
ZUM DURCHZIEHEN

15 MIN
GARZEIT

TOMATEN-TÜRMCHEN

2 große oder 4 kleine Tomaten
1 kleine Aubergine
1 Knoblauchzehe
8 EL Olivenöl
2 Zweige Bohnenkraut
Salz, Pfeffer
8 Scheiben Schinkenspeck
2 Kugeln Mozzarella

1

Die Tomaten und die Aubergine kalt abwaschen und gut abtrocknen.

2

Tomaten und Aubergine in ca. 1 Zentimeter dicke Scheiben schneiden. Den Knoblauch schälen und fein hacken.

3

Die Tomaten- und Auberginenscheiben in einen tiefen Teller legen und das Olivenöl, den Knoblauch und das Bohnenkraut darauf verteilen. Das Gemüse salzen, pfeffern und, mit einer Klarsichtfolie abgedeckt, eine Stunde marinieren. Nach 30 Minuten die Gemüsescheiben umdrehen. Anschließend die Auberginenscheiben mit etwas Olivenöl in einer Pfanne auf beiden Seiten je 3 Minuten braten.

4

Währenddessen den Schinkenspeck in einer Pfanne auf beiden Seiten 2 Minuten braten.

5

Den Backofen auf 200 °C vorheizen. Den Mozzarella in Scheiben schneiden.

6

Aus den Zutaten vier Türmchen zusammensetzen: Auberginen-, Speck-, Tomaten- und Mozzarellascheiben abwechselnd aufeinanderstapeln.

7

Die Türmchen auf eine ofenfeste Platte setzen, 10 Minuten backen und sofort servieren.

Z

ZITRONE

Zitronen sind das ganze Jahr über erhältlich und warten mit einer ganzen Palette guter Eigenschaften auf. Wählen Sie Früchte aus biologischem Anbau oder zumindest ungespritzte Exemplare.
Zitronen halten sich bei Zimmertemperatur eine Woche. In feuchten Küchenkrepp gewickelt und in einen Plastikbeutel gesteckt, lassen sie sich im Gemüsefach des Kühlschranks auch länger aufbewahren.

4
PORTIONEN

15 MIN
VORBEREITUNGSZEIT

11 MIN
GARZEIT

DIE SCHALE

KABELJAU MIT KRUSTE AUS ZITRONENZESTEN UND HASELNÜSSEN

◇◇◇◇◇◇◇◇◇◇◇◇◇◇◇◇◇◇◇◇◇◇◇◇

4 Kabeljausteaks mit Haut
2 EL Olivenöl
Salz, Pfeffer
Schale einer unbehandelten Zitrone (möglichst bio), fein gehackt oder mit dem Zestenreißer abgezogen
40 g gemahlene Haselnüsse
40 g Parmesan
40 g Semmelbrösel
40 g kalte Süßrahmbutter
4 Stängel Petersilie

◇◇◇◇◇◇◇◇◇◇◇◇◇◇◇◇◇◇◇◇◇◇◇◇

1

Den Backofen auf 160 °C vorheizen. Die Kabeljausteaks salzen und pfeffern.

2

Das Olivenöl in einer Pfanne erhitzen. Die Steaks auf der Hautseite goldbraun anbraten und auf ein mit Backpapier ausgelegtes Blech legen.

3

In einer Schüssel Zitronenzesten, Haselnüsse, Parmesan, Semmelbrösel, Butterwürfel und fein gehackte Petersilie mischen.

4

Die Mischung auf den Kabeljausteaks verteilen und diese 6 Minuten im Backofen garen.

5

Am Ofen die Grillfunktion einstellen und den Fisch 2 Minuten überbacken. Sofort servieren.

1
LITER

10 MIN
VORBEREITUNGSZEIT

4 TAGE
ZUM FERMENTIEREN

DER SAFT

ZITRONEN-INGWER-LIMONADE

1 cm Ingwerwurzel
70 g feiner Kristallzucker
1 TL einfacher weißer Essig (Branntweinessig oder nach Vorschrift verdünnte Essigessenz)
1 unbehandelte Zitrone (möglichst bio)
50 g Langkornreis

1

Den Ingwer schälen.

2

1 l Wasser mit dem Zucker und dem Essig aufkochen.
Währenddessen die Zitrone kalt abwaschen, in Stücke schneiden und entkernen.

3

Die Zitrone mit dem Ingwer im Mixer pürieren.

4

Das Zucker-Essig-Wasser in ein Gefäß gießen. Das Ingwer-Zitronen-Gemisch und den Reis dazugeben. Alles gut verrühren und an einem sonnigen Platz (am Fenster oder im Freien) 4 Tage lang fermentieren lassen. Das Gefäß mit einem sauberen Tuch bedecken, um Insekten abzuhalten.

5

Die Limonade filtern und in eine sterilisierte Glasflasche füllen; oben 3 Zentimeter frei lassen. Im Kühlschrank aufbewahren und kalt servieren.

TIPP

AROMATISIEREN SIE EISWÜRFEL MIT ZITRONENZESTEN ODER MINZBLÄTTERN. DIE SCHALEN ODER BLÄTTER EINFACH IN DIE FÄCHER DES EISWÜRFELBEHÄLTERS LEGEN.

L.F

6
PORTIONEN

45 MIN
VORBEREITUNGSZEIT

3 STD
ZEIT ZUM KÜHLEN

35 MIN
BACKZEIT

SCHOKO-ZITRONEN-TARTE MIT BAISERGUSS

Für den Teig
200 g Mehl
35 g Kakao
125 g weiche Butter
75 g Puderzucker
40 g gemahlene Haselnüsse oder Mandeln
1 Ei
1 Prise Salz

Für den Lemon Curd
4 Zitronen (bio)
200 g Zucker
4 Eier
120 g Süßrahmbutter

Für die Baisermasse
3 Eiweiß
1 Prise Salz
150 g Zucker

1

Das Mehl und den Kakao in eine Schüssel sieben. In einer anderen Schüssel die Butter mit einem Schneebesen oder einem Handrührgerät schaumig rühren, den Puderzucker und die gemahlenen Nüsse dazugeben und alles gut vermischen. Das Ei, das Salz und die Mehl-Kakao-Mischung hinzufügen.
Den Teig gut durchkneten und zu einer Kugel formen. In Klarsichtfolie eingewickelt, mindestens 2 Stunden im Kühlschrank ruhen lassen.

2

Den Lemon Curd zubereiten. Die Zitronen waschen und abtrocknen. Die Schale von 3 Zitronen fein abreiben, dann alle 4 Zitronen auspressen. In einer Schüssel den Zucker mit den Zitronenzesten gut mischen. Die Eier und anschließend den Zitronensaft unterrühren.

3

Die Butter in kleine Würfel schneiden. Die Zitronen-Zucker-Eier-Mischung unter ständigem Rühren im Wasserbad erhitzen, bis sie cremig wird. Das dauert ungefähr 10 Minuten. Die Creme keinesfalls zum Kochen bringen! Den Lemon Curd vom Herd nehmen, die Butterwürfel dazugeben und gut untermischen. Die Creme in den Kühlschrank stellen.

4

Den Backofen auf 180 °C vorheizen. Den Teig zwischen zwei Bogen Backpapier ca. 3 Zentimeter dick ausrollen. (So verhindert man, dass er an der Teigrolle und der Arbeitsplatte festklebt, und man braucht kein zusätzliches Mehl zum Ausrollen.) Den Teig in eine gebutterte und mit Mehl bestäubte Tarteform legen, mehrfach mit einer Gabel einstechen und noch einmal mindestens 30 Minuten lang in den Kühlschrank stellen.

5

Den Teigboden mit getrockneten Hülsenfrüchten bedecken, damit er sich im Ofen nicht wölbt, und 15 Minuten backen. Die Hülsenfrüchte anschließend entfernen und den Boden noch 5 Minuten weiterbacken.

6

Den Boden abkühlen lassen und mit dem Lemon Curd bestreichen. Die Baisermasse zubereiten. Dazu das Eiweiß mit einer Prise Salz zu Schnee schlagen. Wenn das Volumen sich verdoppelt hat, den Zucker nach und nach unterschlagen.

7

Den Backofen auf 240 °C vorheizen. Die Baisermasse auf dem Lemon Curd verteilen und die Tarte 5 Minuten backen, bis der Baiserguss eine goldgelbe Farbe angenommen hat.

ZUCCHINI

Die Zucchini zählt zu den Fruchtgemüsen. Je nach Sorte können die Früchte länglich, rund, grün, weiß oder gelb sein. Jung geerntet, schmecken Zucchini am besten.

4 PORTIONEN

10 MIN VORBEREITUNGSZEIT

3 MIN GARZEIT

TEMPURA VON ZUCCHINISCHALEN

1 Eigelb
130 g Mehl
(plus 1 EL zum Bestäuben)
150 ml Eiswasser
Schalen von 1 kg Zucchini
Öl zum Frittieren

1

Zuerst den Ausbackteig herstellen. Dazu in einer Schüssel das Eigelb, das Mehl und das Eiswasser zu einer homogenen Masse verrühren.

2

Die Zucchinischalen durch ein Sieb mit Mehl bestäuben, damit der Teig besser an ihnen haftet.

3

In einem hohen Topf das Frittieröl auf 180 °C erhitzen.

4

Die Zucchinischalen durch den Ausbackteig ziehen und ca. 2 Minuten frittieren, aber nicht zu stark bräunen. Auf Küchenkrepp abtropfen lassen.

TIPPS UND TRICKS

DIE ZUCCHINISCHALEN HEISS SERVIEREN, Z. B. MIT EINEM DIP AUS SOJASOSSE UND ZITRONENSAFT.

JE HEISSER DAS ÖL UND JE KÄLTER DER AUSBACKTEIG, DESTO LEICHTER SIND DIE BEIGNETS.

4 PORTIONEN

15 MIN VORBEREITUNGSZEIT

35 MIN BACKZEIT

DIE GANZE FRUCHT

ZUCCHINI-SCHOKOLADEN-KUCHEN

350 g Zucchini
160 g Bitterschokolade
(70 % Kakaoanteil)
240 g Mehl
60 g Kakao
1 TL Backpulver
½ TL feines Salz
110 g gesalzene Butter
180 g Rohrzucker
1 Vanilleschote oder
1 TL Vanilleextrakt
3 Eier

1

Den Backofen auf 180 °C vorheizen. Die Zucchini kalt waschen, gut abtrocknen und ungeschält nicht zu fein raspeln.

2

Die Schokolade mit einem Messer grob hacken. In einer Schüssel das Mehl, den Kakao, das Backpulver und das Salz mischen. Die geraspelten Zucchini und die Schokolade dazugeben und alle Zutaten gut vermengen.

3

In einer anderen Schüssel die Butter mit dem Rohrzucker schaumig rühren.

4

Die Vanilleschote aufschlitzen, das Mark herauskratzen und zur Butter-Zucker-Mischung geben, danach die Eier einzeln unterrühren. Zuletzt die Zucchini hinzufügen.

5

Den Teig in eine gebutterte, mit Mehl bestäubte Form füllen und 35 Minuten backen. Den Garpunkt mit einer Messerspitze oder einem Holzstäbchen überprüfen. Der Kuchen sollte innen schön locker sein!

TIPPS UND TRICKS

ES IST WICHTIG, DIE ZUCCHINI UND DIE SCHOKOLADENSTÜCKE MIT MEHL ZU VERMISCHEN, DAMIT SIE WÄHREND DES BACKENS NICHT NACH UNTEN SINKEN.

DIE ZUCCHINI MACHEN DEN KUCHEN BESONDERS SAFTIG.

4
PORTIONEN

25 MIN
VORBEREITUNGS-ZEIT

15 MIN
GARZEIT

KALTE CREME-SUPPE VON ZUCCHINI MIT CURRYSAHNE

1 Knoblauchzehe
1 Zwiebel
1 EL Olivenöl
2 gestr. TL Currypulver
1 kg Zucchini
500 ml Gemüsebrühe
1 Becher dickflüssiger Naturjoghurt (Typ griechischer Joghurt)
Salz, Pfeffer
60 ml flüssige Sahne

1

Den Knoblauch und die Zwiebel schälen, fein hacken und in einem Topf mit dickem Boden in Olivenöl 3 Minuten goldgelb anschwitzen. 1½ Teelöffel Currypulver dazugeben und mitdünsten, damit das Gewürz sein Aroma entfaltet.

2

Die Zucchini schälen, grob würfeln und mit der Gemüsebrühe in den Schmortopf geben. Alles 15 Minuten köcheln lassen.

3

Die Zucchini pürieren und dabei nach und nach die Kochbrühe zugießen, bis die gewünschte Konsistenz erreicht ist.

4

Die Suppe erkalten lassen, mit dem Joghurt verrühren und mit Salz und Pfeffer abschmecken.

5

Vor dem Servieren die Sahne steif schlagen. Wenn sich ihr Volumen verdoppelt hat, das restliche Currypulver zufügen. Die Sahne weiterschlagen, bis sie richtig fest ist.
Die kalte Cremesuppe portionsweise mit Nocken aus Currysahne garnieren.

TIPP

SCHLAGSAHNE WIRD BESONDERS STEIF, WENN MAN DIE SCHÜSSEL UND DIE RÜHRBESEN VOR GEBRAUCH 15 MINUTEN LANG KÜHLT.

HERBST/WINTER

ANANAS

Es gibt weltweit fünf große Ananas-Sortengruppen, aber nur zwei werden hierzulande angeboten: die glatte Cayenne, deren Blattschopf keine Stacheln hat, und die sehr viel kleinere Victoria-Ananas. Die Ananas ist eine äußerst kälteempfindliche exotische Frucht; deshalb sollte man sie nicht im Kühlschrank aufbewahren. Ein sattgrüner Blattschopf ist ein Zeichen von Frische. Allerdings sind Ananasblätter nicht essbar.

10 MIN
VORBEREITUNGSZEIT

2 MON
ZEIT ZUM DURCHZIEHEN

DIE SCHALE

RHUM ARRANGÉ

Schale einer halben Cayenne-Ananas oder einer ganzen Victoria-Ananas
1 cm frische Ingwerwurzel
200 ml weißer Rum
20 ml Zuckerrohrsirup
2 kleine Zimtstangen
2 ganze Sternanise
½ Vanilleschote

1

Die Ananasschale mit kaltem Wasser abspülen und gut trocknen.

2

Den Ingwer schälen und in kleine Stücke schneiden oder reiben.

3

Die Ananasschale mit dem Rum, dem Zuckerrohrsirup und allen Gewürzen in ein sauberes, heiß ausgespültes, fest verschließbares Glasgefäß geben.

4

Das Gefäß verschließen und kräftig schütteln, um Gewürze und Flüssigkeit gut zu vermischen.

5

Das Gefäß an einen trockenen, vor Licht geschützten Ort stellen und den Rum zwei Monate durchziehen lassen.

TIPPS UND TRICKS

DAS GEFÄSS VON ZEIT ZU ZEIT BEWEGEN, DAMIT SICH ALLE AROMEN DER ANANASSCHALE UND DER GEWÜRZE GLEICHMÄSSIG VERTEILEN.

SIE KÖNNEN DIE SCHALEN AUCH ZUR HERSTELLUNG VON „LABIÉ NANAN“ – ANANASBIER – VERWENDEN. DAZU WERDEN SIE 3 BIS 4 TAGE IN WASSER EINGELEGT, BIS SIE GÄREN. DIE MISCHUNG FILTERN, GEWÜRZE NACH WUNSCH UND ZUCKER NACH GESCHMACK HINZUFÜGEN. „LABIÉ NANAN“ WIRD IN GUAYANA UND EINIGEN AFRIKANISCHEN LÄNDERN GETRUNKEN.

hand made

4
PORTIONEN

15 MIN
VORBEREITUNGSZEIT

ANANAS-CARPACCIO MIT SALZ-BUTTER-KARAMELL UND SPEKULATIUS

2 Victoria-Ananas
100 g Puderzucker
8 ml Wasser
8 ml Maissirup
(Glukose-Fruktose-Sirup)
80 ml Crème double
1 TL Meersalzflocken
21 g zimmerwarme Butter,
in Würfel geschnitten
8 Spekulatius

1

Die Ananas schälen und mit einem sehr scharfen Messer in dünne Scheiben schneiden. Die Scheiben rosettenförmig auf kleinen, flachen Tellern anrichten und in den Kühlschrank stellen.

2

In einen Topf mit dickem Boden den Puderzucker mit Wasser und Maissirup erhitzen und bei starker Hitze 10 Minuten kochen. Währenddessen die Crème double in einem anderen Topf zum Kochen bringen.

3

Sobald der Karamell sich goldbraun zu färben beginnt, den Topf vom Herd nehmen und vorsichtig die Crème double dazugießen. Achtung, es spritzt!

4

Wenn Karamell und Crème double sich gut vermischt haben, den Topf wieder auf den Herd stellen und die Masse weitere 2 bis 3 Minuten köcheln lassen.

5

Die Mischung in eine feuerfeste Schüssel gießen und 15 Minuten abkühlen lassen. Anschließend die Meersalzflocken und nach und nach die Butterwürfel einarbeiten. Den Karamell bis zur weiteren Verwendung auf Zimmertemperatur halten.

6

Das Carpaccio mit Karamell begießen und mit Spekulatius servieren.

TIPPS UND TRICKS

SIE KÖNNEN DAS CARPACCIO AUCH MIT EINER KUGEL VANILLEEIS SERVIEREN.

KARAMELLRESTE HALTEN SICH IN EINEM FEST VERSCHLOSSENEN, HEISS AUSGESPÜLTEN GEFÄSS ACHT TAGE LANG IM KÜHLSCHRANK.

DER KARAMELL DARF NICHT ZU DUNKEL WERDEN – ER SCHMECKT SONST BITTER.

UM DEN REIFEZUSTAND EINER ANANAS ZU PRÜFEN, ZIEHT MAN AN DEN BLÄTTERN IN DER MITTE DES BLATTSCHOPFS. WENN SIE SICH LEICHT HERAUSZIEHEN LASSEN, IST DIE ANANAS REIF.

Apfel

Äpfel – ob süß oder säuerlich – sind die in Deutschland beliebteste Obstsorte. Sie haben wenig Kalorien, sind aber reich an Antioxidantien und Vitaminen. Ein bekanntes Sprichwort besagt, dass ein Apfel pro Tag den Arzt ersetzt.

4
PORTIONEN

10 MIN
VORBEREITUNGS-ZEIT

2 MIN
GARZEIT

BEIGNETS VON APFELSCHALEN

Öl zum Frittieren
1 Ei
1 Prise Salz
125 g Mehl
½ Päckchen Backpulver
150 ml Milch
Schalen von 1 kg Äpfel
Puderzucker, Zimt, Kristallzucker

1

Das Öl in einen hohen Topf oder eine Fritteuse gießen.

2

Das Ei trennen. Das Eiweiß mit einer Prise Salz zu festem Schnee schlagen.

3

Das Mehl mit dem Backpulver vermischen, mit dem Eigelb und der Milch verquirlen und danach den Eischnee unterheben. Die Apfelschalen in den Teig geben.

4

Das Öl auf 180 °C erhitzen und die mit Teig überzogenen Apfelschalen ein paar Minuten darin goldbraun frittieren.

5

Die Beignets auf Küchenpapier abtropfen lassen, mit Puderzucker, Zimt oder Kristallzucker bestreuen, ein wenig abkühlen lassen und gleich mit den Fingern essen.

4 BIS 6
PORTIONEN

25 MIN
VORBEREITUNGS-
ZEIT

25 MIN
BACKZEIT

DAS KERNGEHÄUSE

APFELGELEE UND CREMESCHNITTEN MIT ZIEGENKÄSE

Für das Gelee
800 g Apfelschalen, gemischt mit Kerngehäusen und Kernen
Saft von 2 Zitronen
ca. 1,5 l Wasser
Kristallzucker
(die Menge richtet sich nach der Menge des Apfelsafts)
10 Körner Kubebenpfeffer
(nach Wunsch)

Für die Cremeschnitten
3 Blatt Gelatine
2 Ziegenfrischkäse à 200 g
100 ml flüssige Sahne
4 EL Apfelgelee
Salz, Pfeffer
2 Platten backfertiger Blätterteig
4 EL Puderzucker

APFELGELEE

1

Die Apfelschalen, die Kerne und die Kerngehäuse mit dem Saft von 1 Zitrone in einen großen Topf geben, mit Wasser aufgießen und bei schwacher Hitze ohne Deckel 30 Minuten kochen.

2

Die Mischung durch ein Haarsieb gießen; dabei die Schalen ein wenig ausdrücken. Den Saft abmessen.

3

Den Saft in einen Topf mit dickem Boden gießen, den Saft der zweiten Zitrone und halb so viel Zucker wie Flüssigkeit unterrühren (z. B. 500 Gramm Zucker auf 1 Liter Saft). Nach Wunsch den Kubebenpfeffer zufügen. Die Mischung 45 Minuten köcheln lassen. Währenddessen Konfitürengläser und die dazugehörigen Deckel sterilisieren und mit der Öffnung nach unten auf ein sauberes Geschirrtuch stellen.

4

Das heiße Gelee in die Gläser füllen und sofort verschließen. Die Gläser 5 Minuten auf den Kopf stellen. Kühl und dunkel aufbewahrt, hält sich das Gelee bis zu einem Jahr.

TIPP

SAMMELN SIE APFELSCHALEN UND KERNGEHÄUSE IN DER TIEFKÜHLTRUHE, BIS SIE GENÜGEND MATERIAL FÜR DIE GELEEZUBEREITUNG BEISAMMENHABEN.

CREMESCHNITTEN MIT ZIEGENKÄSE

1

Die Gelatine in einer kleinen Schüssel mit kaltem Wasser einweichen.

2

In einem Topf den Ziegenkäse mit der Sahne und dem Apfelgelee auf ganz kleiner Flamme schmelzen lassen. Salzen und pfeffern, vom Herd nehmen und gut mit der ausgedrückten Gelatine verrühren. 15 Minuten abkühlen lassen.

3

Den Backofen auf 170 °C vorheizen. Die Blätterteigplatten ausrollen, jeweils auf eine ofenfeste Platte oder ein Blech legen und mit einem zweiten Blech bedecken, damit sie sich nicht wölben. 17 Minuten backen.

4

Den Blätterteig mit Puderzucker bestäuben und unbedeckt 5 Minuten weiterbacken.

5

Den warmen Teig in ca. 4 x 12 Zentimeter große Rechtecke schneiden. Die Creme in einen Spritzbeutel füllen.

6

Drei Reihen haselnussgroße Cremetupfer auf ein Teigblatt spritzen, ein zweites Teigblatt auflegen und das Ganze wiederholen. Ein drittes Teigblatt als Deckel auflegen. Die Cremeschnitten mit grünem Salat servieren.

4 BIS 6
PORTIONEN

15 MIN
VORBEREITUNGSZEIT

30 MIN
BACKZEIT

DIE FRUCHT

TARTE MIT ÄPFELN, CAMEMBERT UND KREUZKÜMMEL

3 große Äpfel (z. B. Gala)
1 Camembert
1 Portion backfertiger Blätterteig
1 EL Kreuzkümmel

1

Die Äpfel waschen, abtrocknen und vierteln. Das Kerngehäuse entfernen und die Äpfel in feine Spalten schneiden.
Den Backofen auf 190 °C vorheizen.

2

Den entrindeten Camembert in dünne Scheiben schneiden.

3

Den Blätterteig ausrollen und auf ein Backblech legen. Die Apfelspalten und die Camembertscheiben ziegelartig auf den Teig schichten und mit Kreuzkümmel bestreuen. Die Tarte 30 Minuten backen.

4

Etwa 5 Minuten vor Ende der Backzeit das Blech direkt auf den Boden des Backofens stellen. Die Tarte leicht abkühlen lassen und servieren.

H

HOKKAIDOKÜRBIS

Kürbisse gehören wie Melonen und Zucchini zur Familie der Kürbisgewächse. Das orangefarbene, leicht mehlige Fruchtfleisch der Sorte 'Hokkaido' besitzt eine natürliche Süße und erinnert geschmacklich an Maronen. Die Schale ist essbar. Hokkaidokürbisse sind von September bis Februar erhältlich. Trocken und dunkel gelagert, halten sie sich mehrere Monate lang, allerdings wird die Schale mit der Zeit immer härter.

6
PORTIONEN

25 MIN
VORBEREITUNGSZEIT

4 STD
ZEIT ZUM KÜHLEN

40 MIN
GARZEIT

FRUCHTFLEISCH & KERNE

PANNA COTTA VOM HOKKAIDO-KÜRBIS MIT KÜRBISKERN-KROKANT

3 Blatt Gelatine
400 g Hokkaidokürbis
200 ml Kokosmilch
1 Prise Salz
200 ml flüssige Sahne
60 g brauner Zucker

Für den Krokant
20 g Kerne vom Hokkaidokürbis
20 g Zucker

1

Die Gelatine in kaltem Wasser einweichen. Den Kürbis kalt abwaschen, abtrocknen, schälen und entkernen. Die Kerne aufbewahren.

2

Das Kürbisfleisch grob würfeln und ca. 25 bis 30 Minuten dampfgaren. Anschließend mit 50 Milliliter Kokosmilch pürieren und salzen.

3

Die Sahne mit der restlichen Kokosmilch und dem braunen Zucker erwärmen und vom Herd nehmen. Die ausgedrückte Gelatine unterrühren und das Kürbispüree unterziehen.

4

Die Masse in 6 kleine Förmchen gießen und mindestens 4 Stunden in den Kühlschrank stellen.

5

In der Zwischenzeit den Krokant zubereiten. Die Kürbiskerne kalt abspülen und mit Küchenkrepp abreiben, um Fruchtfleischreste zu entfernen.
Die Kerne schälen und in einer Pfanne ohne Zugabe von Fett 2 bis 3 Minuten rösten.

6

In einem Topf mit dickem Boden den Zucker schmelzen lassen. Wenn er sich hellbraun verfärbt hat, die Kürbiskerne unterrühren. Die Masse auf einen Bogen Backpapier gießen, mit einem zweiten Backpapierbogen bedecken und mit einem Nudelholz ausrollen. Den Krokant abkühlen lassen, vor dem Servieren in Stücke brechen und die Panna cotta damit garnieren.

TIPPS UND TRICKS

KÜRBISSE SIND SCHWER ZU SCHÄLEN. GAREN SIE DIE SCHALE EINFACH MIT – DANN LÄSST SIE SICH AM BESTEN ENTFERNEN.

STATT DIE KÜRBISKERNE ZU SCHÄLEN, KÖNNEN SIE SIE AUCH – BESTREUT MIT BRAUNEM ZUCKER UND LEBKUCHENGEWÜRZ – AUF EIN MIT BACKPAPIER AUSGELEGTES BLECH LEGEN UND BEI 180°C 15 MINUTEN IM BACKOFEN RÖSTEN.

4
PORTIONEN

15 MIN
VORBEREITUNGS-ZEIT

3 STD
ZEIT ZUM KÜHLEN

1 STD
GARZEIT

CRÈME BRÛLÉE VOM HOKKAIDO-KÜRBIS MIT GEWÜRZEN

◇◇◇◇◇◇◇◇◇◇◇◇◇◇◇◇◇◇◇◇◇◇◇◇◇

400 g Hokkaidokürbis
150 ml flüssige Sahne
3 Eigelb
40 g brauner Zucker (plus 8 EL)
1 TL Lebkuchengewürz

◇◇◇◇◇◇◇◇◇◇◇◇◇◇◇◇◇◇◇◇◇◇◇◇◇

1

Den Backofen auf 120 °C vorheizen. Den Kürbis waschen, schälen und entkernen.

2

Das Fruchtfleisch 25 bis 30 Minuten dampfgaren und mit 150 ml Sahne pürieren.

3

Die Eigelbe mit dem Zucker und dem Lebkuchengewürz schaumig schlagen und mit dem Kürbispüree verrühren. Die Mischung gleichmäßig in 4 ofenfeste Schälchen füllen und im Wasserbad 30 Minuten stocken lassen.

4

Die Crème brûlée abkühlen lassen und mindestens 3 Stunden in den Kühlschrank stellen.

5

Jedes Schälchen Crème brûlée mit 2 Esslöffeln braunem Zucker bestreuen und mithilfe der Grillfunktion im Backofen karamellisieren. Anschließend sofort servieren.

4
PORTIONEN

15 MIN
VORBEREITUNGSZEIT

30 MIN
GARZEIT

CREMESUPPE VOM HOKKAIDO-KÜRBIS

600 g Hokkaidokürbis
1 Zwiebel
2 EL Olivenöl
400 ml Gemüsebrühe (möglichst bio)
Salz, Pfeffer
100 ml flüssige, gekühlte Sahne

1

Den Kürbis abwaschen und entkernen. Die Kerne aufbewahren.

2

Den Kürbis mit der Schale 25 bis 30 Minuten dampfgaren. Währenddessen die Zwiebel schälen, würfeln und 5 Minuten in dem Olivenöl anschwitzen.

3

Den Kürbis schälen. Die Schale aufbewahren.

4

Das gedämpfte Fruchtfleisch mit den Zwiebeln und der Gemüsebrühe im Mixer oder mit dem Pürierstab zu einer cremigen Suppe verarbeiten. Anschließend die Suppe mit Salz und Pfeffer abschmecken.

5

Einen Teil der Kürbiskerne schälen und in einer Pfanne ohne Zugabe von Fett goldgelb rösten.

6

Kurz vor dem Servieren die Kürbisschale im Mixer pürieren und mit der Sahne aufschlagen.

7

Die Cremesuppe jeweils mit einer Nocke Kürbissahne und ein paar gerösteten Kürbiskernen servieren.

K

KAROTTE

Ob süß oder pikant zubereitet – die Möhre (je nach Region auch Karotte, Rübli, Wurzel oder Gelbe Rübe genannt) gehört in Deutschland zu den beliebtesten Gemüsesorten. Sie ist das ganze Jahr über erhältlich. Ihre orangegelbe Farbe verdankt sie ihrem hohen Gehalt an Carotinoiden.

4
PORTIONEN

15 MIN
VORBEREITUNGS-
ZEIT

9 MIN
GARZEIT

SPAGHETTI MIT PESTO VON KAROTTEN-BLÄTTERN

Blätter von einem Bund Karotten
1 Knoblauchzehe
35 g Walnusskerne
(plus ein paar weitere
zum Garnieren)
25 g geriebener Parmesan
(plus 20 g für die Pasta)
120 ml Olivenöl
Salz, Pfeffer
320 g Spaghetti

1

Die Karottenblätter in reichlich Essigwasser gründlich waschen und in einer Salatschleuder oder einem sauberen Geschirrtuch trocknen.

2

Die Blätter mit dem Knoblauch, den Walnusskernen, dem Parmesan und dem Olivenöl im Mixer pürieren. Mit Salz und Pfeffer abschmecken.

3

In einem großen Topf Wasser zum Kochen bringen und die Spaghetti nach Packungsanweisung al dente garen.

4

Die Spaghetti abgießen, mit dem Pesto vermischen und vor dem Servieren mit Parmesan und grob gehackten Nüssen bestreuen.

1
GLAS

10 MIN
VORBEREITUNGSZEIT

45 MIN
GARZEIT

CHUTNEY VON KAROTTEN-SCHALEN

Schalen von einem Bund Karotten
6 EL heller Weinessig
4 getrocknete Feigen
5 getrocknete Aprikosen
1 Schalotte
2 EL Erdnussöl
¼ TL Korianderkörner
¼ TL Fenchelsamen
1 getrocknete Piri-piri-Schote
1 Gewürznelke
ca. ½ l helles Bier

1

Die Karottenschalen in reichlich Wasser mit 3 Esslöffeln Essig waschen und in einem sauberen Geschirrtuch gut trocknen.

2

Feigen und Aprikosen in kleine Würfel schneiden. Die Schalotte schälen und fein hacken.

3

In einem Kochtopf mit dickem Boden die Schalotte in dem Erdnussöl anschwitzen und unter Rühren bräunen. Die Feigen und Aprikosen, die Karottenschalen, die Gewürze, den Rest des Essigs und ca. ¼ Liter Bier hinzufügen.

4

Alles gut vermischen und im geschlossenen Topf auf kleiner Flamme etwa 40 Minuten köcheln lassen. Das Chutney regelmäßig umrühren und etwas Bier nachgießen, falls es zu trocken wird.

5

Das Chutney in ein heiß ausgespültes Glas mit Schraubdeckel füllen. Es hält sich bis zu 2 Wochen im Kühlschrank.

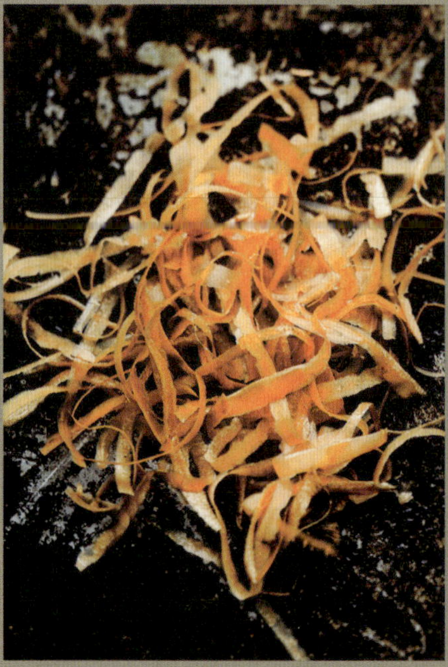

TIPP

DIESES CHUTNEY PASST GUT ZU WILDPASTETE.

4 PORTIONEN

10 MIN VORBEREITUNGSZEIT

DIE WURZELN

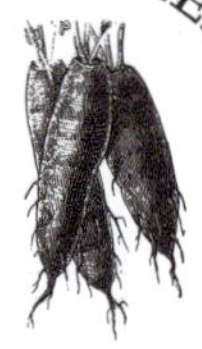

KAROTTENKAVIAR MIT KREUZKÜMMEL UND GRISSINI

1 Portion backfertiger Pizzateig
50 ml Olivenöl
(plus 1 EL für den Pizzateig)
3 EL Kreuzkümmel
300 g Karotten
2 EL weiße Sesampaste (Tahin)
2 EL Sesamkörner
2 EL Zitronensaft
Salz, Pfeffer

1

Den Backofen auf 200 °C vorheizen. Den Pizzateig ausrollen und auf ein mit Backpapier ausgelegtes Blech legen.

2

Den Teig mit Olivenöl einpinseln und vorsichtig mit einem Teigrädchen in ca. 1 Zentimeter breite Streifen schneiden. Diese gut voneinander trennen, damit sie beim Backen nicht zusammenkleben. Die Streifen mit Kreuzkümmel bestreuen und 10 Minuten backen.

3

Währenddessen die Karotten schälen, in kaltem Wasser waschen und gut mit Küchenpapier trocknen. Die Karotten im Mixer pürieren, dann die Sesampaste, die Sesamkörner, das restliche Olivenöl und den Zitronensaft zugeben. Salzen und pfeffern. Alles vermischen und den Karottenkaviar mit den Grissini zum Aperitif servieren.

TIPPS UND TRICKS

KAROTTENKAVIAR HÄLT SICH 4 BIS 5 TAGE IM KÜHLSCHRANK.

EINE EXOTISCHE VARIANTE ERHALTEN SIE DURCH ZUGABE EINES TEELÖFFELS GARAM MASALA. DIE GRISSINI KÖNNEN SIE VOR DEM BACKEN ZU SPIRALEN DREHEN ODER SEITLICH MIT DEM MESSER EINKERBEN.

K

Kartoffel

Ob lose oder abgepackt – Kartoffeln sind das ganze Jahr über erhältlich. Sehr zur Freude der Deutschen, die jährlich ungefähr 57 Kilogramm Kartoffeln pro Person konsumieren. Besonders beliebt sind Frühkartoffeln, die bereits im Frühsommer geerntet werden und möglichst frisch verarbeitet werden sollten. Späte Sorten eignen sich auch zum Einlagern.

5 MIN
VORBEREITUNGSZEIT

15 MIN
BACKZEIT

DIE SCHALE

CHIPS VON KARTOFFELSCHALEN MIT THYMIAN UND PARMESAN

Schalen von 1 kg Kartoffeln (möglichst bio)
20 ml Olivenöl
40 g geriebener Parmesan
1 EL frischer Thymian
Salz, Pfeffer
Fleur de sel

1

Den Backofen auf 180 °C vorheizen. Die gründlich gesäuberten Kartoffelschalen, das Öl, den Parmesan, den Thymian, das Salz und den Pfeffer in einen Gefrierbeutel geben und diesen verschließen. Den Beutel gut schütteln, um die Schalen mit der Marinade zu überziehen.

2

Ein Backblech mit Backpapier auslegen und die Schalen so darauf verteilen, dass sie einander nicht oder kaum berühren. 15 Minuten backen.

3

Die Chips mit etwas Fleur de sel bestreuen und warm zum Aperitif servieren.

3
GLÄSER

30 MIN
VORBEREITUNGSZEIT

45 MIN
GARZEIT

4 STD
ZEIT ZUM KÜHLEN

KARTOFFEL-KONFITÜRE MIT GEWÜRZEN

1 kg mehlig kochende Kartoffeln (z. B. Bintje oder Victoria)
1 l Wasser
250 g Kristallzucker
Mark von 2 Vanilleschoten
2 ganze Sternanise
500 g brauner Zucker
1 TL gemahlener Zimt
1 TL gemahlene Vanille
3 TL flüssiger Vanilleextrakt
2 EL brauner Rum (nach Wunsch)

1

Die Kartoffeln schälen, mit kaltem Wasser waschen und in Stücke schneiden.

2

Das Wasser, den Kristallzucker, das Vanillemark, die Sternanise und die Kartoffeln in einen großen Topf geben. Die Kartoffeln ca. 20 Minuten kochen.

3

Die Kartoffeln mit einer Schaumkelle aus dem Sirup nehmen und durch ein Sieb streichen oder mit einer Gemüsemühle pürieren.

4

Das Püree nach und nach mit dem Sirup zu einer geschmeidigen Masse verrühren. Diese in einen Topf mit dickem Boden gießen und den braunen Zucker, den Zimt, die gemahlene Vanille und den Vanilleextrakt hinzufügen.

5

Die Mischung unter ständigem Rühren 30 Minuten kochen, vom Herd nehmen und, falls gewünscht, Rum unterrühren.

6

Die Konfitüre in sterilisierte Gläser füllen und mindestens 4 Stunden abkühlen lassen.
Zu Waffeln, Crêpes oder Brioches servieren.

4 PORTIONEN

20 MIN VORBEREITUNGSZEIT

70 MIN GARZEIT

OFENKARTOFFELN MIT HÜHNERBRUST UND CURRY

4 Kartoffeln der Sorte Bintje
4 EL Olivenöl
1 TL feines Salz
2 Zwiebeln
4 Filets aus der Innenseite der Hühnerbrust
½ TL rote Currypaste
100 ml Crème fraîche
Salz, Pfeffer
40 g geriebener Gruyère
2 TL fein gehacktes Korianderkraut

1

Den Backofen auf 180 °C vorheizen. Die Kartoffeln unter kaltem Wasser mit einer Gemüsebürste gründlich abschrubben, gut abtrocknen und mit einer Gabel mehrfach einstechen, damit sie beim Backen nicht platzen.

2

Die Kartoffeln mit Olivenöl einpinseln, mit dem feinen Salz bestreuen und in einer ofenfesten Form eine Stunde backen.
Währenddessen die Zwiebeln schälen und fein hacken.

3

Das Hühnerfleisch in dünne Scheiben schneiden. Die Zwiebeln und das Fleisch in einer großen Pfanne in dem restlichen Olivenöl 3 Minuten goldgelb anschwitzen. Die Currypaste und die Crème fraîche hinzufügen und alles weitere 3 Minuten schmoren. Salzen und pfeffern.

4

Die Kartoffeln mit zwei kleinen Löffeln in der Mitte aufbrechen und mit der Fleischmasse füllen. Mit dem Gruyère und dem Korianderkraut bestreuen.

5

Die gefüllten Kartoffeln 5 Minuten unter den Grill stellen. Heiß mit einem gemischten Salat servieren.

19
B

ROTE BETE

Die Rote Bete ist ein Knollengemüse mit hohem Zuckergehalt, das sowohl roh als auch gegart verzehrt wird. Bei der Zubereitung sollte man Handschuhe tragen – wird die Schale verletzt, scheidet die Rübe den natürlichen roten Farbstoff Betanin aus.

4
PORTIONEN

5 MIN
VORBEREITUNGSZEIT

15 MIN
GARZEIT

KANDIERTE STIELE VON ROTEN BETEN MIT GEWÜRZEN UND AHORN-SIRUP AUF ZIEGENQUARK

12 zarte Stiele von Roten Beten
2 Kapseln Kardamom
250 ml Wasser
2 ganze Sternanise
1 Vanilleschote
6 EL Ahornsirup
4 Portionen Ziegenquark

1

Die Stiele der Roten Beten in kaltem Wasser waschen, gut mit Küchenkrepp abtrocknen und in ca. 10 Zentimeter lange Stücke schneiden.

2

Die Kardamomsamen aus den Kapseln brechen und in einer Pfanne 2 Minuten trocken rösten, bis sie duften. Das Wasser, die Gewürze, den Sirup und die Stiele hinzufügen.

3

Die Mischung gut verrühren und die Stiele bei kleiner Hitze 15 Minuten kandieren. Die Flüssigkeit sollte dabei eine sirupartige Konsistenz annehmen. Bei Bedarf etwas Wasser zugießen. Die kandierten Stiele lauwarm auf dem gut abgetropften Quark servieren.

TIPP

DIE STIELE NICHT ZU LANGE KANDIEREN, DAMIT SIE ZART BLEIBEN.

4 PORTIONEN

5 MIN VORBEREITUNGSZEIT

1 STD GARZEIT

ROTE BETEN IN SALZKRUSTE

4 Rote Beten
1 kg grobes Meersalz
4 EL Olivenöl
1 kleiner Zweig Estragon
2 Zweige Kerbel

1

Den Backofen auf 180 °C vorheizen. Die Roten Beten in kaltem Wasser waschen und gut mit Küchenkrepp abtrocknen.

2

Die Roten Beten in eine ofenfeste Form auf ein Salzbett legen, mit dem übrigen Salz vollständig bedecken und eine Stunde im Ofen backen.

3

Die Salzkruste mit einem Messer aufbrechen, die Roten Beten herausholen und halbieren. Die Hälften jeweils mit 1 Esslöffel Olivenöl beträufeln und mit den fein gehackten Kräutern bestreuen. Sofort servieren.

PR 1
PR 1

4
PORTIONEN

10 MIN
VORBEREITUNGS-ZEIT

CARPACCIO VON ROTEN BETEN MIT ROQUEFORT, WALNÜSSEN UND JUNGEN BLÄTTERN

Herzblätter eines Bunds Roter Beten
120 g Roquefort
60 g Walnüsse
4 kleine, feste Rote Beten
4 EL Walnussöl
4 TL Sherry-Essig
Salz, Pfeffer

1

Die Herzblätter in reichlich Essigwasser waschen, um alle Spuren von Erde zu entfernen.

2

Den Roquefort zerbröseln und die Walnüsse grob hacken.

3

Die Roten Beten schälen und mit einem Gemüsehobel in dünne Scheiben schneiden. Diese auf den Tellern anrichten und mit den Käsestückchen, den Nüssen und den Herzblättern bestreuen.
Das Carpaccio pro Portion mit 1 Esslöffel Öl und 1 Teelöffel Sherry-Essig beträufeln, salzen, pfeffern und sofort servieren.

TIPP

STATT MIT ROQUEFORT KÖNNEN SIE DAS CARPACCIO AUCH MIT ORANGEN-GRANITÉ SERVIEREN. DAZU FRISCH GEPRESSTEN ORANGENSAFT EINFRIEREN UND IMMER WIEDER MIT EINER GABEL UMRÜHREN. DIE ROTEN BETEN MIT DEN EISKRISTALLE BESTREUEN UND SOFORT MIT SESAMCRACKERN SERVIEREN.

Weisse Rübe

Die Weiße Rübe gehört zur Familie der Kreuzblütler. Mit ihrem hohen Gehalt an Wasser und Ballaststoffen ist sie ein echter Schlankmacher. Ein französisches Sprichwort besagt, dass Weiße Rüben das Leben verlängern – ein Grund mehr, sie häufiger auf den Tisch zu bringen!

6 BIS 8
PORTIONEN

15 MIN
VORBEREITUNGSZEIT

45 MIN
BACKZEIT

PIKANTER KUCHEN MIT RÜBENBLÄTTERN, GETROCKNETEN TOMATEN UND FETA

100 g Blätter von Weißen Rüben
3 EL heller Weinessig
80 g getrocknete Tomaten
100 g Feta
150 g Mehl
1 Päckchen Backpulver
3 Eier
100 ml Pflanzenöl
100 ml Milch
70 g geriebener Gruyère
Salz, Pfeffer

1

Den Backofen auf 180 °C vorheizen. Die Rübenblätter in reichlich Essigwasser waschen.

2

Die Blätter mit Küchenkrepp oder in der Salatschleuder trocknen und in feine Streifen schneiden. Getrocknete Tomaten und Feta in kleine Würfel schneiden.

3

Das Mehl und das Backpulver in eine Schüssel sieben. Die Eier, das Öl und die Milch dazugeben und alles zu einem glatten Teig verrühren.

4

Die Rübenblätter, die getrockneten Tomaten, den Feta und den Gruyère hinzufügen und unterrühren. Den Kuchenteig salzen und pfeffern, in eine gebutterte Kastenform füllen und 45 Minuten backen.

TIPP

DEN TEIG NICHT ZU STARK SALZEN, DA DER FETA UND DIE GETROCKNETEN TOMATEN BEREITS VIEL SALZ ENTHALTEN.

4 BIS 6
PORTIONEN

25 MIN
VORBEREITUNGSZEIT

25 MIN
GARZEIT

DIE RÜBE

GESTÜRZTE TARTE MIT WEISSEN RÜBEN UND ENTENCONFIT

2 in Entenfett eingelegte Entenkeulen (nicht zu dick)
1 kg junge Weiße Rüben
100 g Zucker
Salz, Pfeffer
1 Portion backfertiger Blätterteig
Thymianzweige zum Garnieren

1

Die Entenkeulen über einer Fettpfanne auf ein Gitter legen und in den auf 200 °C vorgeheizten Backofen stellen. Mindestens 10 Minuten stehen lassen und das Fett abtropfen lassen. Das Fleisch etwas abkühlen lassen und in Stücke zupfen. Warm halten.

2

Die Rüben von den Blättern befreien, schälen und in ca. 1 Zentimeter dicke Scheiben schneiden.

3

In einer großen Pfanne bei geringer Hitze 3 Esslöffel des aufgefangenen Entenfetts erhitzen, den Zucker hinzufügen und einige Minuten karamellisieren lassen. Die Rübenscheiben dazugeben, salzen, pfeffern und 10 bis 12 Minuten unter Rühren schmoren.

4

Die Rübenscheiben in einer großen Tarteform (oder mehreren kleinen Formen) ziegelartig übereinanderschichten.

5

Den Teig ausrollen und über das Gemüse legen. Überstehenden Teigrand in die Form drücken. Die Tarte 25 bis 30 Minuten backen.

6

Die Tarte aus dem Ofen nehmen, 5 Minuten ruhen lassen und dann auf einen Teller stürzen. Vorsicht: Verbrennen Sie sich nicht am Karamell!

7

Das Entenfleisch auf der Tarte verteilen, mit ein paar Thymianblättchen garnieren und sofort servieren.

TIPP

SIE KÖNNEN AUS DENSELBEN ZUTATEN AUCH TARTELETTES ZUBEREITEN.

12
TEIGTASCHEN

50 MIN
VORBEREITUNGSZEIT

1 STD
RUHEZEIT

20 MIN
GARZEIT

TEIGTASCHEN MIT HÜHNERFLEISCH UND RÜBENBLÄTTERN

Für den Teig

1 Päckchen Trockenhefe (ca. 10 g)
20 ml lauwarmes Wasser
200 g Mehl
60 ml Milch
1 Ei
1 TL Zucker
1 TL feines Salz
30 g weiche Butter

Für die Füllung

1 große Zwiebel
1 Knoblauchzehe
2 Hühnerbrüste
70 g Rübenblätter
150 g Weiße Rüben
3 Tomaten
3 EL Olivenöl oder 25 g Butter
1 TL Currypulver
1 TL 4-Gewürze-Mischung (Pfeffer, Muskat, Nelken, Zimt)
Salz, Pfeffer

Seite 120

1

Die Hefe mit dem warmen Wasser anrühren. Das Mehl in eine Schüssel sieben und eine Mulde hineindrücken. In einer anderen Schüssel die angerührte Hefe mit der Milch, dem Ei, dem Zucker, dem Salz und der Butter verrühren. Diese Masse in die Mehlmulde gießen. Alle Zutaten locker vermischen und mit den Händen oder den Knethaken des Rührgeräts kneten, bis der Teig nicht mehr klebt. Wenn nötig, noch etwas Mehl hinzufügen.

2

Den Teig zu einer Kugel formen, mit Mehl bestäuben und in eine Schüssel legen. Die Schüssel mit einem sauberen Geschirrtuch abdecken und den Teig bei Zimmertemperatur 1 Stunde ruhen lassen.

3

Die Zwiebel und die Knoblauchzehe schälen und fein hacken. Das Hühnerfleisch in dünne Streifen schneiden. Die Rübenblätter in reichlich Essigwasser waschen, mit Küchenkrepp trocken tupfen und fein hacken.

4

Die Rüben schälen und in kleine Würfel schneiden.Die Tomaten schälen, entkernen und hacken.

5

In einem großen Schmortopf das Olivenöl bzw. die Butter erhitzen und die Zwiebel, den Knoblauch und das Fleisch darin 2 bis 3 Minuten goldgelb anbraten. Die Gewürze, die Rübenblätter und die Rübenwürfel dazugeben und 3 Minuten mitgaren.
Den Topf vom Herd nehmen, die Tomaten unterrühren, die Mischung salzen und pfeffern.

6

Den Backofen auf 190 °C vorheizen. Den Teig zwischen zwei Lagen Backpapier 3 Millimeter dick ausrollen. Mit einem Ausstecher oder einem Glas Teigringe ausstechen (Durchmesser: ca. 10 bis 12 Zentimeter). Je 1 Esslöffel Füllung in die Mitte geben.

7

Die Teigringe an den Rändern mit einem Pinsel mit Wasser befeuchten und zu halbmondförmigen Taschen falten. Die Ränder mit einer Gabel zusammendrücken. Die Teigtaschen auf ein mit Backpapier ausgelegtes Blech legen und 15 bis 20 Minuten im Ofen backen. Zum Aperitif oder, z. B. mit einem gemischten Salat angerichtet, als Vorspeise servieren.

Verzeichnis der Rezepte

Verzeichnis der Zutaten

DANKSAGUNG

Dieses Buch ist ein Gemeinschaftswerk, dessen Entstehung allen Beteiligten große Freude bereitet hat.

Ich danke Guillaume Czerw für seine unerschütterliche Begeisterung, dem *Bureau des Affaires Graphiques* für die schöne Gestaltung und Anne Kalicky für ihre wertvollen Ratschläge und ihr sorgfältiges Korrektorat.

Dank gebührt auch dem Verlag, vor allem Juliette für ihr Vertauen.

Ganz herzlich danke ich auch Jérôme und Suzanne, meinen Testessern.

Bibliografische Information der Deutschen Bibliothek.

Die Deutsche Bibliothek verzeichnet diese Publikation in der deutschen Nationalbibliografie.Detaillierte bibliografische Daten sind im Internet über www.d-nb.de abrufbar.

Ein Buch der Edition Michael Fischer

1. Auflage 2014

Erstveröffentlicht bei Hachette Livre, Paris
Titel der Originalausgabe:
Tout Manger de A à Z

Aus dem Französischen übertragen von
Dr. Marion Papenbrok-Schramm, Wiesloch
Lektorat: Jutta Orth, Freiburg
Gesamtherstellung: Friederike Winter

ISBN 978-3-86355-266-4

www.emf-verlag.de

Printed in China